HAROLD TIENE HAMBRE

Para Alannah

Phaidon Press Limited
Regent's Wharf
All Saints Street
Londres N1 9PA

Phaidon Press Inc.
65 Bleecker Street
Nueva York, NY 10012

phaidon.com

Primera edición en español 2016

Material gráfico creado con pluma, acrílico, collage
y técnicas digitales
Tipografía Purple Regular

ISBN 978 0 7148 7189 9
008-0316

Traducido del inglés por Elena Aranaz
para Cillero & de Motta
Diseño de Meagan Bennett

Impreso en China

HAROLD TIENE HAMBRE

Kevin Waldron

Harold tenía hambre.
Harold tenía siempre hambre.

Todo
el
tiempo.

Después de comer, Harold
relamía el cuenco vacío...

salía de paseo...

...¡y volvía a su maravilloso sillón
para soñar con cosas deliciosas!

Se tumbaba del lado derecho,

del izquierdo,

panza arriba

o hecho un ovillo, pero *siempre* en el mismo sillón.

Harold adoraba su sillón... casi tanto como comer.

Una mañana, Harold iba tranquilamente a tomarse el desayuno cuando se paró en seco. ¡Su sillón había desaparecido!

El pobre Harold buscó por toda la casa, de arriba abajo, pero su sillón no estaba por ninguna parte.

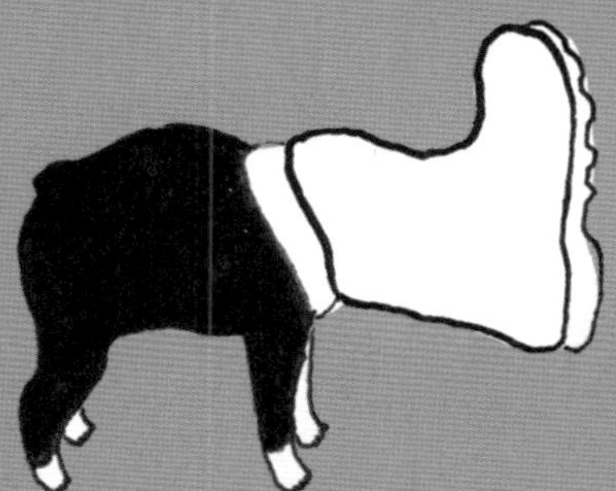

Justo cuando estaba a punto de darse por vencido, escuchó el ruido de un enorme camión en la calle.

¡Ahí estaba!
¡Era su sillón!

Sin dudarlo un solo instante,
Harold salió por la ventana
y bajó a la acera.

Pero era demasiado tarde. ¡Su sillón estaba dentro del camión y se alejaba a toda velocidad!

Las patitas de Harold no pudieron seguir el ritmo de las enormes ruedas del camión y enseguida lo perdió de vista.

Su sillón se había ido...

...¡y Harold se había
PERDIDO! ¿Dónde estaba?
¿Cómo se volvía a casa?

**Harold no tenía ni idea.
Nunca había estado solo
en la calle.**

Y, de repente, las tripas de Harold empezaron a r-u-u-u-u-gir.

¡Harold no había desayunado!

¡Ahora solo podía pensar en COMIDA y en encontrar el camino de vuelta a casa!

Mientras recorría las calles, ¡vio muchas cosas deliciosas! Se paró para relamerse, pero el hambre atroz le hizo continuar.

SCHOOL BUS

Harold continuó mirando a su alrededor, hambriento, ¡hasta que divisó algo que reconoció al instante!

¡Ya sabía dónde estaba!

Harold echó a correr.

Estaba muy cerca de casa, ¡su instinto le guiaba!

¡Por fin
en
casa!

Harold se estaba comiendo feliz el desayuno, cuando de pronto se acordó de que su sillón ya no estaba.

Levantó la cabeza y vio asombrado...

...¡algo mucho mejor!

¿Estaba soñando? Harold tenía un flamante sitio nuevo para dormir, y era ¡PERFECTO!

Pero tendría que esperar.
«Haaaar-rold! ¡A la calle!»